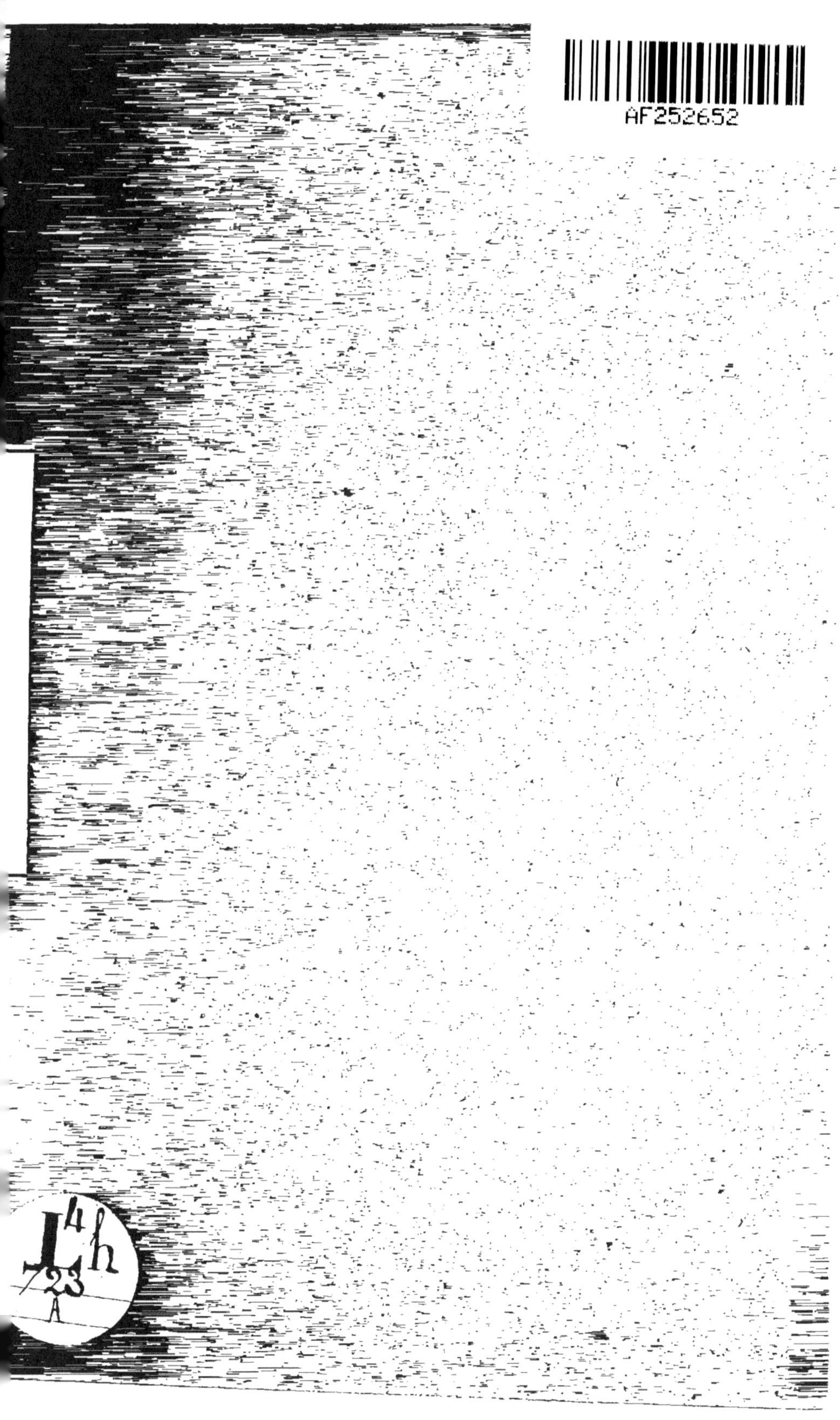
AF252652

TEXTE

HISTORIQUE & STATISTIQUE

OFFERT EN PRIME AUX SOUSCRIPTEURS

DE LA

CARTE DE LA GUERRE

EN ITALIE

PARIS

AU DÉPOT GÉOGRAPHIQUE, 18, RUE DE L'ANCIENNE-COMÉDIE

FAUBOURG SAINT-GERMAIN

—

1859

TEXTE

HISTORIQUE ET STATISTIQUE

— ◁○▷ —

MESSAGE IMPÉRIAL.

SÉANCE DU 26 AVRIL AU CORPS LÉGISLATIF.

L'Empereur a donné l'ordre au ministre des affaires étrangères de préparer un exposé des faits auxquels il convient de rattacher les complications qui ont amené la crise actuelle.

Aujourd'hui, sur l'ordre de Sa Majesté, S. Exc. le ministre d'État en a donné communication au Sénat, et S. Exc. le ministre des affaires étrangères, au Corps législatif.

Voici cet exposé :

« L'état de l'Italie, aggravé par les mesures administratives adoptées dans le royaume Lombard-Vénitien, avait déterminé le gouvernement autrichien à faire, dès le mois de décembre dernier, des armements qui n'ont pas tardé à présenter un caractère assez menaçant pour éveiller en Piémont les plus sérieuses inquiétudes.

Le Gouvernement de l'Empereur n'a pu voir surgir ces difficultés sans se montrer vivement préoccupé des conséquences qu'elles pouvaient avoir pour la paix de l'Europe. N'étant point dans le cas d'intervenir directement pour proposer lui-même les moyens de les prévenir, il s'est toutefois empressé d'accueillir les ouvertures qui lui ont été faites. Plein de confiance dans les sentiments du gouvernement de Sa Majesté Britannique, aussi bien que dans les lumières de son ambassadeur à Paris, le Gouvernement de l'Empereur a sincèrement applaudi à la mission que M. le comte Cowley est allé remplir à Vienne, comme à une première tentative propre à préparer un rapprochement ; et il s'est félicité avec une satisfaction non moins réelle d'apprendre que les idées échangées entre M. l'ambassadeur d'Angleterre et le gouvernement autrichien étaient de nature à fournir des éléments de négociations.

La proposition de se réunir en Congrès, présentée dans le même moment par la Russie, répondait à cette situation de la manière la plus heureuse, en appelant les cinq puissances à participer également à la discussion d'une question d'intérêt européen ; le Gouvernement de l'Empereur n'a pas hésité à faire connaître qu'il adhérait à cette proposition.

En y adhérant de même, le gouvernement anglais a jugé utile de préciser les bases des délibérations éventuelles du Congrès. Ces bases sont les suivantes :

1° Déterminer les moyens par lesquels la paix peut être maintenue entre l'Autriche et la Sardaigne ;

2° Établir comment l'évacuation des États romains par les troupes françaises et autrichiennes peut être le mieux effectuée ;

3° Examiner s'il convient d'introduire des réformes dans l'administration intérieure de ces États et des autres États de l'Italie dont l'administration offrirait des défauts qui tendraient évidemment à créer un état permanent et dangereux de trouble et de mécontentement, et quelles seraient ces réformes ;

4° Substituer aux traités entre l'Autriche et les duchés une confédération des États de l'Italie entre eux, pour leur protection mutuelle tant intérieure qu'extérieure.

Le Gouvernement de l'Empereur a mis à acquiescer sans réserve à ces bases de la négociation le même empressement qu'il avait montré à accepter la proposition d'un Congrès.

Le gouvernement autrichien avait, de son côté, donné son assentiment à la réunion d'un Congrès, en l'accompagnant de quelques observations, mais sans y mettre de conditions formelles et absolues, et tout devait faire espérer que les négociations pourraient s'ouvrir dans un délai rapproché.

Le cabinet de Vienne avait parlé du désarmement préalable de la Sardaigne comme d'une mesure indispensable pour assurer le calme des délibérations, et il en fit plus tard une condition absolue de sa participation au Congrès. Cette demande ayant soulevé des objections unanimes, le cabinet de Vienne y substitua la proposition d'un désarmement général et immédiat, en l'ajoutant comme un cinquième point aux bases des négociations.

Ainsi, Messieurs, tandis que la France avait successivement accepté, sans hésitation, toutes les propositions qui lui avaient été présentées, l'Autriche, après avoir paru disposée à se prêter aux négociations, soulevait des difficultés inattendues.

Le Gouvernement de l'Empereur n'en a pas moins persévéré dans les sentiments de conciliation qu'il avait pris pour règle de sa conduite. Le cabinet anglais continuant de s'occuper avec la plus loyale sollicitude des moyens de faire disparaître les retards que la question du désarmement apportait à la réunion du Congrès, avait pensé que l'on satisferait au cinquième point mis en avant par l'Autriche si l'on admettait immédiatement le principe du désarmement général, en convenant d'en régler l'exécution à l'ouverture même des délibérations des plénipotentiaires.

Le Gouvernement de Sa Majesté a consenti à accepter cette combinaison. Il restait toutefois à déterminer si, dans cet état de choses, il était nécessaire que la Sardaigne elle-même souscrivît préalablement au principe du désarmement général. Il ne paraissait pas qu'une pareille condition pût être imposée au gouvernement sarde s'il était laissé en dehors des délibérations du Congrès; mais cette considération même offrait les éléments d'une combinaison nouvelle qui, entièrement conforme aux principes de l'équité, ne semblait pas devoir soulever d'objections. Le Gouvernement de l'Empereur déclara au gouvernement anglais qu'il était disposé à engager le cabinet de Turin à donner lui-même son assentiment au principe du désarmement général, pourvu que tous les Etats italiens fussent invités à faire partie du Congrès.

Vous savez déjà, messieurs, que, modifiant cette suggestion de manière à concilier toutes les susceptibilités, le gouvernement de Sa Majesté Britannique a présenté une dernière proposition basée sur le principe du désarmement général simultané et immédiat. L'exécution devait en être réglée par une commission dans laquelle le Piémont serait représenté. Les plénipotentiaires se réuniraient aussitôt que cette commission serait elle-même rassemblée et les Etats italiens seraient invités par le Congrès à siéger avec les représentants des cinq grandes puissances de la même manière qu'au Congrès de Laybach en 1821.

Le Gouvernement de l'Empereur a voulu manifester de nouveau ses dispositions conciliantes en adhérant à cette proposition qui a été de même acceptée sans délai par les cours de Prusse et de Russie, et à laquelle le gouvernement piémontais s'est également déclaré prêt à se conformer.

Toutefois, au moment même où le Gouvernement de l'Empereur croyait pouvoir nourrir l'espoir d'une entente définitive, nous avons appris que la cour d'Autriche refusait d'accepter la proposition du gouvernement de Sa Majesté Britannique et adressait une sommation directe au gouvernement sarde. Pendant que d'un côté le cabinet de Vienne persiste à ne pas consentir à l'admission des Etats italiens au Congrès dont il rend ainsi la réunion impossible, de l'autre, il demande au Piémont de s'engager à mettre son armée sur le pied de paix et à licencier les volontaires, c'est-à-dire à concéder sans délai et isolément à l'Autriche ce qu'il a déjà accordé aux puissances, sous la seule réserve de s'en entendre avec elles.

Je n'ai pas besoin de faire ressortir le caractère de cette démarche, ni d'insister plus longuement pour mettre en lumière les sentiments de modération dont le Gouvernement de l'Empereur n'a cessé au contraire de se montrer animé. Si les efforts réitérés des quatre puissances pour sauvegarder la paix ont rencontré des obstacles, notre conduite l'atteste hautement, ces obstacles ne sont point venus de la France. Enfin, messieurs, si la guerre doit sortir des complications présentes, le Gouvernement de Sa Majesté aura la ferme conviction d'avoir fait tout ce que sa dignité lui permettait pour prévenir cette extrémité, et ce n'est point sur lui qu'on pourra en faire peser la responsabilité. Les protestations que les gouvernements de la Grande-Bretagne, de la Russie et de la Prusse ont adressées à la cour d'Autriche attestent qu'on nous rend déjà à cet égard une entière justice.

En présence de cet état de choses, si la Sardaigne est menacée, si, comme tout le fait présumer, son territoire est envahi, la France ne peut pas hésiter à répondre à l'appel d'une nation alliée à laquelle l'unissent des intérêts communs et des sympathies traditionnelles, rajeunies par une récente confraternité d'armes et par l'union contractée entre les deux Maisons régnantes.

Aussi, messieurs, le Gouvernement de l'Empereur, fort de la constante modération et de l'esprit de conciliation dont il n'a jamais cessé de s'inspirer, attend avec calme le cours des événements, ayant la confiance que sa conduite, dans les différentes péripéties qui viennent de se succéder, rencontrera l'assentiment unanime de la France et de l'Europe.

L'enthousiasme de l'armée française est immense, sans acception de grades. Les subalternes, en particulier, dont beaucoup ont reçu le baptême de feu en Crimée, sont fous de joie ; l'assurance qu'ils ont maintenant d'être commandés par l'Empereur en personne augmente, s'il est possible, leur exaltation. L'armée a foi dans Sa Majesté à un point qu'on pourrrait à peine croire en Europe.

Le *Moniteur* publie les dépêches suivantes :

Le ministre de France au ministre des affaires étrangères.

Turin, 30 avril 1859, 3 h. 40 m. soir.

Les Autrichiens, concentrés à Pavie, sont entrés, hier 29, à trois heures, sur le territoire piémontais en passant le Gravellone. Dans la nuit, ils ont pénétré à Cussalo (près Vigevano) par le bac d'Abbiate-Grasso.

Ce matin, 30, ils ont débarqué à Stresa et à Arona (lac majeur).

Turin, 30 avril 1859, 5 h. 25 m. soir.

Le corps qui a pénétré par la Gravellone comptait 20 bataillons et 8 batteries.

Les avant-postes étaient, à onze heures et demie ce matin, à Vespolate.

Un corps d'armée plus considérable est en marche de Vigevano sur Mortara.

Vienne, 29 avril.

Le Manifeste que l'empereur d'Autriche a adressé à toutes les populations de son empire commence par ces mots :

« J'ai donné l'ordre à ma fidèle et brave armée de mettre un terme aux attaques qu'un État limitrophe, la Sardaigne, exerce au plus haut degré depuis plusieurs années contre les droits incontestables de ma couronne et contre l'intégrité de l'empire qui m'a été confié par la Providence divine. »

Dans la suite du Manifeste, il est dit que, malgré les intentions conciliantes et la générosité dont l'Autriche avait fait preuve pendant dix années, l'hostilité du Piémont n'avait fait qu'augmenter ; qu'elle s'est produite notamment dans les derniers temps par une extrême agitation ainsi que par la propagande révolutionnaire.

Le Manifeste mentionne les efforts de la diplomatie afin d'arriver à un arrangement, en ajoutant que le refus du Piémont d'adhérer au désarmement avait rendu nécessaire de recourir aux armes.

Le Manifeste parle des horreurs de la guerre ; « mais, dit-il, le cœur du monarque doit se taire en présence de l'honneur et du devoir, surtout lorsque l'ennemi armé est sur la frontière, réuni aux partis subversifs dont les projets ne sont autres que de s'approprier les États de l'Autriche en Italie ; surtout le souverain de la France, se mêlant sous de vains prétextes aux affaires de la Péninsule italienne, fait marcher ses troupes au secours de notre ennemi, et que déjà plusieurs détachements de son armée ont franchi les frontières de la Sardaigne. »

Après un chaleureux appel au patriotisme de l'Autriche, le Manifeste finit par ces mots : « Nous espérons ne pas rester isolé dans cette lutte. Le sol sur lequel nous combattons est aussi abreuvé par le sang des peuples frères de l'Allemagne ; il a été conquis comme un de ses remparts et a été maintenu comme tel jusqu'à ce jour.

» C'est sur ce terrain que les ennemis les plus dangereux de l'Allemagne ont toujours commencé leurs tentatives, afin d'arriver à la destruction de sa force intérieure.

» Le sentiment d'un tel danger existe encore aujourd'hui dans toutes les contrées de l'Allemagne, d'une frontière à l'autre. En vous énumérant ces dangers communs, je parle comme prince de la Confédération germanique, et je vous rappelle les jours glorieux où l'Europe a dû sa délivrance à l'élan enthousiaste de l'Allemagne. Avec l'aide de Dieu, marchons pour la patrie ! »

Turin, 30 avril.

La chambre des députés a été prorogée aujourd'hui.

Amnistie générale est accordée aux condamnés politiques.

Aujourd'hui, jour de fête, les troupes françaises, pêle mêle avec la garde nationale et les habitants de la capitale, parcourent les rues de Turin, en criant : Vive la France ! Vive l'Italie !

Le général Ulloa est arrivé à Florence.

Le maire de Livourne a déclaré, dans une proclamation, que la Toscane sera gouvernée provisoirement par un commissaire piémontais pendant la guerre, tout en conservant son autonomie.

Un bulletin officiel annonce que les Autrichiens sont concentrés à Pavie. De grosses colonnes marchent sur Mortara.

Massa et Carrare sont menacées par les troupes du duc de Modène. Le gouvernement piémontais a envoyé des forces militaires pour protéger et maintenir la tranquillité publique.

Turin, 30 avril.

Une proclamation du roi Victor-Emmanuel, dont voici l'analyse détaillée, a été affichée aujourd'hui à Turin, ainsi que dans les provinces du royaume :

« L'Autriche, qui proteste de son amour pour la paix, nous attaque en refusant de se soumettre à un congrès européen ; elle viole les promesses faites à l'Angleterre ; elle nous demande de diminuer notre armée et d'abandonner ces braves volontaires accourus de tous les côtés de l'Italie pour défendre le drapeau sacré de l'indépendance italienne. Je confie le soin du gouvernement à mon bien aimé cousin, et je reprends l'épée.

» A côté de nos soldats combattront pour la liberté et la justice les vaillantes troupes de l'Empereur Napoléon, mon généreux allié. Peuples d'Italie ! l'Autriche attaque le Piémont parce qu'il a soutenu la cause de la patrie commune dans les conseils de l'Europe et qu'il n'a pas été insensible à vos cris de douleur ; l'Autriche brise maintenant ouvertement les traités, qu'elle n'a jamais respectés. Aujourd'hui, en droit, la nation italienne est libre, et je puis accomplir consciencieusement le vœu que j'ai fait sur le tombeau de mon auguste père.

» Ayons confiance dans la Providence, dans notre union, dans la valeur des soldats italiens, dans l'alliance de la noble nation française, confions-nous à la justice de l'opinion publique. Je n'ai d'autre ambition que d'être le premier soldat de l'indépendance italienne.

« Vive l'Italie ! »

Cette proclamation, signée de Victor-Emmanuel, est contresignée du comte Cavour.

Turin, 1er mai.

Les nouvelles suivantes sont extraites du *Bulletin officiel*, à la date d'aujourd'hui :

Le roi, accompagné de son état-major, est parti ce matin pour prendre le commandement de l'armée.

» Hier soir, les Autrichiens ont occupé Novare. Ils s'avancent sur Verceil. »

Berne, 30 avril.

Le vapeur autrichien *Benedek* a remorqué sept barques de Sesto-Calende à Angela.

Les Autrichiens ont pris plusieurs barques sardes sur le lac Majeur ; ils ont occupé Arona.

Berne, 30 avril.

Les Autrichiens ont occupé hier Intra Palanza, situé sur le lac Majeur. Ils ont coupé les fils télégraphiques se reliant au réseau suisse.

Les hostilités ont commencé dans la province de Novare.

On lit dans le *Moniteur de l'Armée* :

Nous apprenons que l'armée des Alpes prend la nomination d'armée d'Italie.

Le ministre des affaires étrangères a adressé à tous les agents diplomatiques de l'Empereur, à la date du 27 avril, la circulaire suivante :

Monsieur, la communication qui a été faite, par ordre de Sa Majesté Impériale, au Sénat et au Corps législatif, me dispense de revenir sur les incidents dont l'opinion publique s'était préoccupée depuis quelques semaines et qui ont fait l'objet de mes dernières dépêches. La gravité de la situation est devenue extrême et le dénouement qui s'annonce ne serait malheureusement pas celui que de loyaux et persévérants efforts s'étaient appliqués à préparer. Dans des conjonctures aussi sérieuses, c'est un grand soulagement pour le gouvernement de l'Empereur de pouvoir soumettre sans crainte à l'appréciation de l'Europe la question de savoir à quelle puissance incombe la responsabilité des événements.

Que l'état des choses en Italie fût anormal, que le malaise et la sourde agitation qui en résultaient constituassent un danger pour tout le monde; que la raison conseillât de conjurer, par une saine prévoyance, une crise inévitable, voilà ce que l'Angleterre, la Prusse et la Russie ont pensé en même temps que la France.

Je ne sache pas qu'à cet égard on pense à Londres, à Berlin et à Saint-Pétersbourg d'une autre façon qu'à Paris ; quoi qu'il en soit, les circonstances ont investi l'Autriche, vis-à-vis des diverses puissances de l'Italie, d'une situation jugée unanimement prépondérante.

La Sardaigne seule a échappé jusqu'à présent à une action qui a altéré, de l'aveu général, dans une partie importante de l'Europe, le système d'équilibre qu'on avait voulu y établir. Partout ailleurs ce fait était fort grave ; mais, quels que fussent nos sentiments intimes, il pouvait nous suffire, avec les opinions que nous connaissons aux autres cabinets, de leur signaler le mal à corriger.

Une telle réserve, monsieur, lorsqu'il s'agit de la Sardaigne, deviendrait un oubli de nos intérêts les plus essentiels. Ce n'est pas la configuration du sol qui couvre, de ce côté, une des frontières de la France : les passages des Alpes ne sont pas entre nos mains, et il nous importe au plus haut point que la clef en reste à Turin, uniquement à Turin. Des considérations françaises, mais des considérations également européennes, tant que le respect des droits et des intérêts légitimes des puissances continueront à servir de règles à leurs rapports réciproques, ces considérations, dis-je, ne permettent pas au gouvernement de l'Empereur d'hésiter sur la conduite qu'il a à tenir quand un État aussi considérable que l'Autriche prend envers le Piémont le ton de la menace et se prépare ouvertement à lui dicter des lois. Cette obligation emprunte une gravité nouvelle au refus de l'Autriche de discuter avant d'agir. Nous ne voulons, à aucun prix, nous trouver en face d'un fait accompli, et c'est ce fait que le gouvernement de l'Empereur est résolu à empêcher. Ce n'est donc pas une attitude offensive, c'est une mesure de défense que nous adoptons en ce moment.

De vieux souvenirs, la communauté des origines, une récente alliance des Maisons souveraines nous unissent à la Sardaigne. Ce sont là des raisons sérieuses de sympathie et que nous apprécions à toute leur valeur, mais qui ne suffiraient peut-ê're pas à nous décider. Ce qui nous trace sûrement notre voie, c'est l'intérêt permanent et héréditaire de la France, c'est l'impossibilité absolue pour le gouvernement de l'Empereur d'admettre qu'un coup de force établisse au pied des Alpes, contrairement aux vœux d'une nation amie et à la volonté de son souverain, un état de choses qui livrerait l'Italie tout entière à une influence étrangère.

Sa Majesté Impériale, strictement fidèle aux paroles qu'elle a prononcées lorsque le peuple français l'a rappelée au trône du chef de sa dynastie, n'est animée d'aucune ambition personnelle, d'aucun désir de conquête. Le temps n'est pas éloigné où l'Empereur a prouvé, dans une crise européenne, que la modération était l'âme de sa politique. Cette modération, à l'heure qu'il est, préside avec la même force à ses desseins, et, tout en sauvegardant les intérêts que la Providence lui a confiés, Sa Majesté ne songe pas, vous pouvez en donner autour de vous l'assurance la plus positive, à séparer ses vues de celles de ses alliés.

Loin de là, son gouvernement, en se référant aux incidents qui ont marqué les négociations des semaines précédentes, nourrit le ferme espoir que le gouvernement de Sa Majesté Britannique continuera à persévérer dans une attitude qui, en unissant par un lien moral la politique des deux pays, permet aux cabinets de Paris et de Londres de s'expliquer sans réserve et de combiner, selon les éventualités, une entente destinée à préserver le continent des effets de la lutte qui peut surgir à l'une de ses extrémités. La Russie, nous en avons la profonde conviction, sera toujours prête à diriger ses efforts vers le même but. Quant à la Prusse, l'esprit tout à la fois impartial et conciliant dont elle a fait preuve dès l'origine de la crise, est un sûr garant de ses dispositions à ne rien négliger pour en circonscrire l'explosion.

Nous souhaitons, d'une façon toute particulière, que les autres puissances qui composent la Confédération germanique ne se laissent pas égarer par les souvenirs d'une époque différente. La France ne peut voir qu'avec peine l'agitation qui s'est emparée de quelques États de l'Allemagne. Elle ne comprend pas que ce grand pays, d'ordinaire si calme et si patriotiquement imbu du sentiment de sa force, puisse croire sa sécurité menacée par des événements dont le théâtre doit rester éloigné de son territoire. Le gouvernement de l'Empereur veut donc penser que les hommes d'État de l'Allemagne reconnaîtront bientôt qu'il dépend en grande partie d'eux-mêmes de contribuer à limiter l'étendue et la durée d'une guerre que la France, s'il lui faut la soutenir, aura du moins la conscience de n'avoir pas provoquée.

PROCLAMATION DU ROI VICTOR-EMMANUEL.

Soldats!

L'Autriche, qui, sur nos frontières, grossit ses armées et menace d'envahir notre territoire, parce qu'ici la liberté règne avec ordre, parce que non la force mais la concorde et l'affection entre le peuple et le souverain régissent ici l'Etat. Parce que les cris de douleur de l'Italie opprimée trouvent ici de l'écho, l'Autriche ose nous enjoindre, à nous armés seulement pour la défense, de déposer les armes et de nous mettre à sa merci!

Cette outrageante injonction devait recevoir la réponse qu'elle méritait : je l'ai dédaigneusement repoussée. Soldats, je vous en fais part, certain que vous prendrez pour faite à vous l'insulte faite à votre roi, à la nation. L'annonce que je vous donne est une annonce de guerre. Aux armes, soldats!

Vous trouverez en face de vous un ennemi qui n'est pas nouveau pour vous. Mais s'il est brave et discipliné, vous ne craignez pas la comparaison, et vous pouvez vous vanter des journées de Goïto, de Pastengo, de Santa-Lucia, de Sommacampagna, de Custosa même où quatre brigades seulement ont lutté pendant trois jours contre cinq corps d'armée. Je serai votre chef. Déjà, à diverses reprises, nous nous sommes connus, une grande partie d'entre vous et moi dans l'ardente mêlée combattions aux côtés de mon magnanime père, où j'ai admiré avec orgueil votre bravoure.

Sur le champ de l'honneur et de la gloire vous saurez, j'en suis certain, conserver, même accroître, votre renom de bravoure. Vous aurez pour compagnons ces intrépides soldats de la France, vainqueurs en tant de signalées batailles, dont vous fûtes les frères d'armes à la Tchernaïa, et que Napoléon III, que l'on trouve toujours là où il y a une juste cause à défendre et la civilisation à faire prévaloir, envoie généreusement à notre aide de nombreux bataillons. Marchez donc confiants dans la victoire et ornez de lauriers fraîchement cueillis votre drapeau, ce drapeau qui, avec ses trois couleurs et avec la jeunesse d'élite accourue de toutes les parties de l'Italie et groupée sous ses plis, vous indique que vous avez pour tâche l'indépendance de l'Italie, cette œuvre juste et sainte qui sera votre cri de guerre.

Signé : VICTOR-EMMANUEL.

PROCLAMATION

L'Empereur au Peuple français.

Français,

L'autriche en faisant entrer son armée sur le territoire du roi de Sardaigne, notre allié, nous déclare la guerre. Elle viole ainsi les traités, la justice, et menace nos frontières. Toutes les grandes puissances ont protesté contre cette agression. Le Piémont ayant accepté les conditions qui devaient assurer la paix, on se demande quelle peut être la raison de cette invasion soudaine : c'est que l'Antriche a amené les ch ses à cette extrêmité, qu'il faut qu'elle domine jusqu'aux Alpes, ou que l'Italie soit libre jusqu'à l'Adriatique ; car, dans ce pays, tout coin de terre demeuré indépendant est un danger pour son pouvoir.

Jusqu'ici la modération a été la règle de ma conduite ; maintenant l'énergie devient mon premier devoir.

Que la France s'arme et dise résolument à l'Europe : Je ne veux pas de conquête, mais je veux maintenir sans faiblesse ma politique nationale et traditionnelle ; j'observe les traités, à condition qu'on ne les violera pas contre moi ; je respecte le territoire et les droits des puissances neutres, mais j'avoue hautement ma sympathie pour un peuple dont l'histoire se confond avec la nôtre, et qui gémit sous l'oppression étrangère.

 France a montré sa haine contre l'anarchie ; elle a voulu m e donner un pouvoir assez fort pour réduire à l'impuissance les fauteurs de désordre et les hommes incorrigibles de ces anciens partis qu'on voit sans cesse pactiser avec nos ennemis ; mais elle n'a pas pour cela abdiqué son rôle civilisateur. Ses alliés naturels ont toujours été ceux qui veulent l'amélioration de l'humanité, et quand elle tire l'épée, ce n'est point pour dominer, mais pour affranchir.

Le but de cette guerre est donc de rendre l'Italie à elle-même et non de la faire changer de maître, et nous aurons à nos frontières un peuple ami, qui nous devra son indépendance.

Nous n'allons pas en Italie fomenter le désordre ni ébranler le pouvoir du Saint-Père, que nous avons replacé sur son trône, mais le soustraire à cette pression étrangère qui s'appesantit sur toute la Péninsule, contribuer à y fonder l'ordre sur les intérêts légitimes satisfaits.

Nous allons enfin sur cette terre classique, illustrée par tant de victoires, retrouver les traces de nos pères ; Dieu fasse que nous soyons dignes d'eux !

Je vais bientôt me mettre à la tête de l'armée. Je laisse en France l'Impératrice et mon fils. Secondée par l'expérience et les lumières du dernier frère de l'Empereur, elle saura se montrer à la hauteur de sa mission.

Je les confie à la valeur de l'armée qui reste en France pour veiller sur nos frontières, comme pour protéger le foyer domestique ; je les confie au patriotisme de la garde nationale ; je les confie enfin au peuple tout entier, qui les entourera de cet amour et de ce dévouement dont je reçois chaque jour tant de preuves.

Courage donc, et union ! Notre pays va encore montrer au monde qu'il n'a pas dégénéré. La Providence bénira nos efforts ; car elle est sainte aux yeux de Dieu la cause qui s'appuie sur la justice, l'humanité, l'amour de la patrie et de l'indépendance.

Palais des Tuileries, le 3 mai 1859.

NAPOLÉON.

CORPS LÉGISLATIF.

Ouverture de la séance à deux heures.

Présentation d'un projet de loi concernant l'établissement d'une surtaxe à l'octroi de la commune de Ploudaniel (Finistère).

Dépôt, par M. le comte de Tromelin, d'un rapport sur le projet de loi concernant l'établissement d'une surtaxe à l'octroi de la commune de Lampaul (Finistère).

Discussion du projet de loi tendant à élever de 100,000 hommes à 140,000 le contingent de la classe de 1858.

M. Baroche, président du conseil d'Etat, M. le général Allard, président de section, et M. Petitet, conseiller d'Etat, siégent au banc de MM. les commissaires du Gouvernement.

M. Emile Ollivier dit qu'en ce moment un sentiment unanime passionne l'Italie : toute une nation appelle l'expulsion de l'étranger. Aux griefs de l'Italie on a toujours opposé cette objection unique : le respect des traités. L'orateur déclare que dans les délimitations territoriales de 1815, ses amis et lui font une distinction fondamentale ; ils acceptent sans arrière-pensée toute la partie de ces traités qui est dirigée contre la France ; car ce qu'ils désirent pour la France, ce sont uniquement les conquêtes morales et nom des agrandissements de territoire ; mais ils repoussent énergiquement tout ce qui dans ces traités atteint et viole des nationalités secondaires.

Ils s'étaient donc réjouis en voyant le gouvernement s'unir au roi du Piémont pour combattre en faveur de l'indépendance italienne ; mais hier ils ont été tristement étonnés d'entendre M. le ministre des affaires étrangères déclarer que le gouvernement avait accepté de négocier sur la base des traités de 1815.

L'orateur et ses amis seraient heureux que le doute éveillé dans leur esprit fût dissipé par des explications. Autrement, tout en votant de cœur pour l'Italie, ils s'abstiendraient de prendre part au scrutin.

M. le président demande si quelqu'un réclame la parole.

Les cris : Aux voix ! aux voix ! se font entendre.

Personne ne réclamant la parole, les deux articles du projet de loi sont successivement mis aux voix et adoptés.

Au scrutin sur l'ensemble, le projet de loi est adopté à l'unanimité de 248 votants.

La séance est levée.

Demain, à une heure, réunion dans les bureaux. Séance publique à deux heures.

Approuvé par la commision, le 27 Avril 1859.

Le chef des secrétaires rédacteurs,
DENIS DE LAGARDE.

Paris. — Imp. de A. APPERT, passage du Caire, 56.

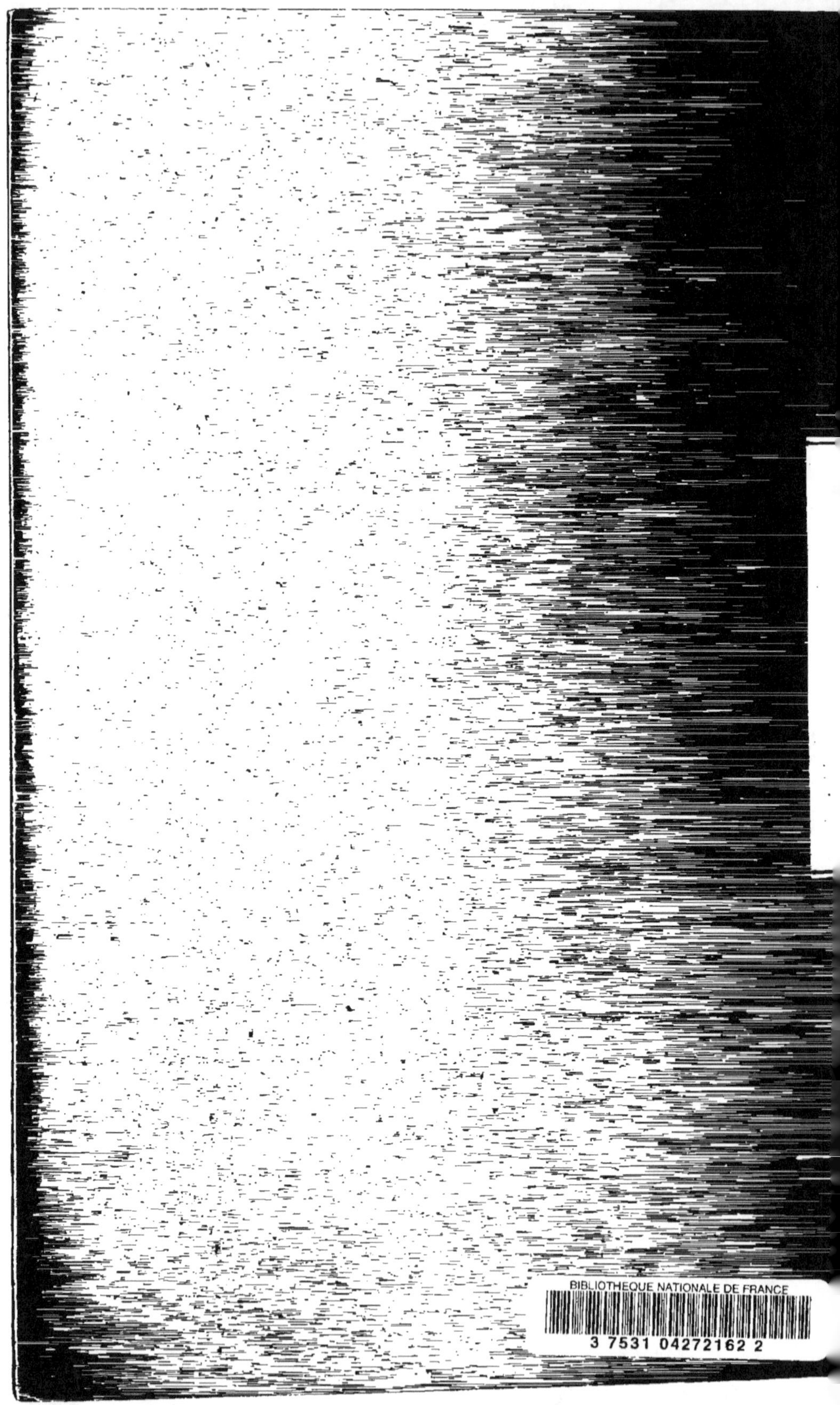
BIBLIOTHEQUE NATIONALE DE FRANCE

3 7531 04272162 2

www.ingramcontent.com/pod-product-compliance
Lightning Source LLC
LaVergne TN
LVHW051133060726
842526LV00006B/2038